IL MONDO SECONDO TERESA DI SCLAFANI

TERESA DI SCLAFANI DE NASCA

editorial
TecnoTur
¿Hay un libro dentro de ti?

INDICE

IL MONDO SECONDO TERESA DI SCLAFANI

Pubblicato da Editorial TecnoTur

Montaggio: La squadra di TecnoTur

Impaginazione: Allan Tépper

Fronte, dorso e quarta di copertina: Andreína Ascanio Toro

ISBN della versione stampata con copertina morbida:

979-8-9890652-6-4

ISBN della versione elettronica (*ebook*):

979-8-9890652-7-1

ISBN dell'audiolibro:

979-8-9890652-8-8

DEDICAZIONE

In onore di mio marito, morto 15 anni fa l'8 ottobre 2008,
dei miei figli e dei miei nipoti.

CAPITOLO I
CAPITALI DEL MONDO

- Italia capitale Roma
- Russia capitale Mosca
- Germania capitale Berlino
- Francia capitale Parigi
- Inghilterra capitale Londra
- Stati Uniti capitale Washington D.C.
- Porto Rico capitale San Juan
- Colombia capitale Bogotà
- Ecuador capitale Quito
- Repubblica Dominicana capitale Santo Domingo
- Perù capitale Lima
- Bolivia capitale La Paz
- Venezuela capitale Caracas
- Haiti capitale Port-au-Prince
- Ucraina capitale Kiev
- Nicaragua capitale Managua

- Cile capitale Santiago
- Paraguay capitale Asunción
- Honduras capitale Tegucigalpa
- Cina capitale economica Shanghai

CAPITOLO 2

STORIA DEL MONDO E MONARCHIA

- Filippo, re del Belgio e della Germania, sposa Matilde, nativa di Varsavia e appartenente a una famiglia aristocratica.
- Il re Balbino, nipote del re Manuele III, ha sposato Paola nel 2002.
- Il figlio del re Balbino, un principe, voleva andare a Roma, ma non poteva entrarvi perché era in manicomio. Papa Giovanni Paolo II intercedette affinché potesse andare a Roma. Si impegnò in politica con successo. Si dedicò alla danza, al canto, allo sport e vinse un concorso con una canzone dedicata all'Italia.
- Re Emanuele Alberto III di Savoia.
- Nasce la principessa Vittoria, figlia del re di Svezia, che si sposa nel 2003.

- Carlo Gustavo VI, il figlio militare, sposa Schel. Era un uomo ricco, aveva una tenuta e una miniera. Si sposa alla Mecca.
- L'imperatore Di Sclafani nacque in Germania ed era figlio di Giovanni, conte Di Sclafani. Andò a combattere per l'imperatore Carlo Magno in Lombardia. Si recò poi a Palermo e costruì il Real Monastero dei Trinitari (oggi Ospedale Militare dei Trinitari), la Chiesa della Provvidenza, la Chiesa di Sant'Agostino e la Chiesa di Nicolò Dell'Arcadia. Nel 1330 il conte si recò in Sicilia al servizio di Guglielmo il Malo.
- Simón Bolívar unì la Gran Colombia nel 1819.
- Indipendenza della Bolivia nel 1825.
- Indipendenza del Venezuela nel 1811.
- Indipendenza degli Stati Uniti nel 1776.
- Cristoforo Colombo, conosciuto in castigliano come Cristóbal Colón, scoprì l'America nel 1492.
- Re d'Inghilterra, Filippo Edoardo.
- Regina Elisabetta.
- Nel 1945 è stata sganciata una bomba atomica e sono morte 2.000.000 di persone.
- Il dittatore spagnolo Franco manda in esilio a Roma il re Felipe de Borbón. Re Juan Carlos de Borbón nasce a Roma.
- La Germania ha combattuto una guerra di confine tra Messico e Stati Uniti per una nave che stava affondando.

- Nel 1989 è stata negoziata diplomaticamente l'abolizione dell'Unione Sovietica con il presidente russo Gorbaciov.
- 1939 Il Giappone attaccò gli Stati Uniti per impedire i suoi piani militari di quell'anno.
- Napoleone Bonaparte, noto come leader militare francese, divenne famoso con la Rivoluzione francese. Fu leader de facto durante la Repubblica francese e primo console dal 1799 al 1804.
- Fidel Castro divenne dittatore di Cuba nel 1960
- Jimmy Carter visitò Cuba nel 1976. Era un vero socialista.
- Giuseppe Garibaldi, italiano, fu un generale di successo e patriota rivoluzionario. Contribuì all'unificazione italiana. Dormì una notte nel villaggio di Alia.
- Atto di Unione e Trattato anglo-irlandese 1° maggio 1707, 1° gennaio 1801, 12 aprile 1922.
- In Argentina il dittatore era Juan Domingo Perón. Suamoglie era Isabel Perón.
- Nel 1917 ci fu la Rivoluzione messicana, dove combatterono uomini e donne.
- Il dittatore Somoza era presente.
- Nel 1998 Papa Giovanni Paolo II ha visitato Cuba.
- In Cile nel 1973 il dittatore era Salvador Allende.
- Jorge Rafael Videla fu, dittatore dell'Argentina dal 1976 al 1981.
- Marcello Levin Alexandre Agustil Lamine nel 1971 e nel 1973.

- Nel 1942 la Polonia era considerata un nemico dell'Unione Europea perché era contro la Russia e in accordo con l'Ucraina.
- Germania, nel X secolo, l'Imperatore Ottone il Grande interviene in Italia.
- Conrad dell'XI secolo.
- XII secolo, nell'Italia settentrionale, Federico Barbarossa affrontò il Papa,
- Federico XII governò da principe,
- Rodolfo XIII promulgò una riforma che proteggeva Napoli.
- La pratica inglese del XVI secolo fu contestata e riformata da Martin Lutero.
- L'Imperatore Carlo V, detto il Cattolico, si separò dalla cristianità con la guerra del 1555, che durò30 anni.
- L'economia del XVIII secolo distrusse il Brandeburgo e la Russia, sostenuta dal mercantilismo dei proprietari terrieri.
- Nel XVIII Federico re di Russia militarizzò la città e l'Austria, tenendo per sé parte del territorio.
- Nel XIX, Napoleone Bonaparte non poté rimanere a lungo e si ammalò per il freddo.
- C'era un forteolto liberalismo e nazionalismo.
- Federico Guglielmo IV adotta una nuova costituzione.
- La Russia del XVI secolo creò una dogana e una ferrovia, abolendo il servizio militare obbligatorio. La Russia voleva risparmiare denaro e poter perseguire progetti importanti.

- 1862 Otto von Bismarck.
- 1864-66 austriaco.
- 1870-71, Guglielmo I fondò il Secondo Impero tedesco.
- La Francia aprì diverse banche.
- Carlo Magno fu il primo imperatore di Roma. L'impero fu diviso.
- Filippo 1, 1060-1192.
- Federico, imperatore nel 1214, durò fino al 15 marzo 1217. Durante il suo regno, ci furono varie difficoltà economiche che furono risolte introducendo contadini e uomini d'affari per incrementare la produzione e le esportazioni. L'imperatore intrattenne relazioni internazionali e promosse l'estrazione di carbone e minerali.- Durante il suo regno, sorsero problemi con i riservisti, che includevano contadini, che saccheggiarono aziende e case.
- Nel 1807 e nel 1809, l'esercito uccise 9.000 persone.
- Se la monarchia fosse durata fino al 1950, tutti avrebbero vissuto molto bene.
- Nell'Unione Europea del 1907, i democratici erano molto forti e i contadini erano soddisfatti perché desideravano un'unione. Si formarono la democrazia di centro-destra e il comunismo.
- Nel 1917 Lenin divenne dittatore e ci furono lotte rivoluzionarie. Successivamente, Stalin nominò un governo provvisorio in 4 settimane.
- Ci furono 3 anni di guerra civile con Lenin.

- Marines e militari tentarono di rovesciare il governo. 50.000 soldati istituirono un governo provvisorio.
- I Niboleschi, socialisti rivoluzionari, denunciarono l'esercito per tradimento il 5 gennaio 1918, scatenando una guerra civile tra comunisti e democratici. Nel 1922 e nel 1925, il servizio militare divenne obbligatorio e l'esercito volontario si rivoltò contro la Russia, dirigendosi verso la Cecoslovacchia.
- 1919-20, la Russia invase la Polonia.
- Nel 1921 vi era odio, fame e miseria.
- Nel 1961 arrivò Gorbaciov.
- Sono trascorsi 77 anni dalla sconfitta della Russia contro la Germania nazista.
- Il 9 maggio 1945 finì la guerra in Europa.

CAPITOLO 3
EVITA PERÓN

Evita Perón, più di 70 anni dopo la sua morte, era la moglie di Juan Domingo Perón (presidente dell'Argentina nel XX secolo). Morì all'età di 33 anni per un cancro al collo dell'utero.

Il corpo di Evita fu imbalsamato e poi andato perduto, ma fu recuperato dopo 16 anni. Inizialmente, il corpo fu trasferito in Italia e successivamente in Spagna.. Il corpo fu nascosto e consegnato a Perón. Secondo la leggenda, il suo corpo vagò senza tomba per un certo periodo. Durante il governo de facto di Pedro Eugenio Aramburu si negoziò la restituzione del corpo a Perón.

Evita è stata una delle figure più importanti dell'Argentina e un personaggio molto amato.

CAPITOLO 4
STORIA DELLA MASSONERIA

Vi è un'organizzazione segreta di apprendimento, la cui filosofia è basata sui principi di «libertà, uguaglianza e fraternità». I loro insegnamenti sono uniformi, e il significato di ogni parola è preso alla lettera. La geometria, in particolare il sistema dei triangoli e le loro simbologie, è parte integrante del loro simbolismo.

Il segreto della Massoneria è custodito gelosamente. Nessuno può rivelare i suoi misteri, né sotto l'influenza dell'alcol, delle droghe o della malattia, e il segreto è portato nella tomba. I simboli più distintivi della Massoneria sono il righello, il compasso e l'occhio, che rappresentano la misura, la precisione e la conoscenza. L'ammissione nella fratellanza massonica richiede un rigoroso esame. Se una persona viene ammessa e successivamente dimostra di non essere all'altezza, verrà mantenuta senza grado e non otterrà ulteriori privilegi.

Attualmente si stima che ci siano 6.000.000 di massoni

nel mondo. Al di fuori del tempio, i massoni conducono una vita normale e produttiva. La Massoneria non è una setta e accetta membri di qualsiasi religione, purché credano in Dio. I massoni si riconoscono tramite un saluto particolare e la presenza di tre punti nella loro firma.

Il giorno di San Giovanni, il 24 giugno, si tiene un battesimo simbolico e i nuovi membri ricevono una medaglia con l'emblema massonico. Durante la cerimonia di iniziazione, a ciascun membro viene consegnato un grembiule bianco, detto gagliardetto, che dovrà indossare al momento della morte. Inoltre, i membri possono indossare anelli e medaglie con simboli massonici, a meno che non abbiano raggiunto il 33° grado.

Le logge massoniche, una volta segrete, sono state aperte al pubblico. Tutte le logge presentano una struttura simile, con soffitti e pavimenti a scacchiera bianchi e neri e dipinti uniformi. Ogni loggia è guidata da un Venerabile e un Segretario, e i templi in tutti i paesi sono aperti a tutti.

I massoni hanno influenzato la storia attraverso la partecipazione a rivoluzioni contro la Chiesa. Massoni ed ebrei furono uccisi (16000 persone). Vedendo ciò formarono un triangolo rosso, costruirono l'aeroporto sotterraneo in Colorado e iniziarono a pensare di dover cambiare il mondo. La Massoneria ha 21 ospedali negli Stati Uniti, uno in Messico e uno in Canada, chiamato *Shriners Hospital for Children*.

Si ritiene che molti personaggi famosi fossero massoni e si dedicavano molto alla scrittura, tra cui Simon Bolivar. In Argentina, il dittatore voleva conoscere i segreti massonici. Il presidente Alfonsin, essendo massone, non era ben visto dai militari.

La Gran Loggia subì una delle più grandi repressioni in Germania, durante la quale 4000 persone furono sequestrate nel 1442. Successivamente, nel 1768, nel 1783 e nel 1797, furono scomunicate per non essere in sintonia con le posizioni della Chiesa. La scomunica fu revocata da Papa V.

CAPITOLO 5

CARLO MAGNO

C arlo Magno fu re dei Franchi e imperatore romano. Durante la sua infanzia, fu battezzato da Papa Stefano III, il quale gli promise che tutti sarebbero stati battezzati.

Nel 752, il re dei Franchi predicò «libertà o morte». In gioventù, Carlo Magno ereditò un palazzo a Parigi, otto spade e uno scudo, simboli degli eroi guerrieri. All'età di 15 anni gli furono consegnate le spade perché doveva combattere con i Sassoni contro i pagani. In quel periodo, l'Impero Romano era governato dall'imperatore Costantino, nel 754.

Carlo Magno condannò i pagani che avevano tradito il loro re e scatenò una guerra brutale. Nel 782, 4500 uomini furono uccisi in battaglia. Carlo Magno, re dei Franchi, e i suoi seguaci, che trascorsero molti anni in guerra senza mai arrendersi, sono ricordati in quel periodo. Il loro motto era «Libertà o morte».

Durante la guerra con i Sassoni, li convertì al cristianesimo, mantenendo compassione per i nemici e per coloro che diventavano cristiani. In seguito Carlo Magno fuggì a Roma, dove fece un castello per il governo e costruì cattedrali, che avevano le cupole più alte di tutti i templi.

Nell'anno 800, Carlo Magno ricevette il titolo di imperatore e fu incoronato il giorno di Natale da Papa Leone III, il quale conferì per la prima volta il titolo di imperatore a un non-romano. Prima di Carlo Magno, gli imperatori erano sempre stati di origine romana. La sua incoronazione segnò un punto di svolta storico, poiché per la prima volta un sovrano di origine franca veniva riconosciuto come imperatore di Roma. Quando ricevette il titolo imperiale, Carlo Magno fu incoronato con una sontuosa corona d'oro e diamanti, simbolo della sua autorità e del suo prestigio come sovrano dell'Impero Carolingio.

Sebbene non sapesse né leggere né scrivere, Carlo Magno promosse numerose riforme educative, tra cui l'insegnamento della scrittura. Durante il suo impero incoraggiò l'istituzione di monasteri e chiese, sostenendo attivamente lo studio della Bibbia. La sua passione per l'apprendimento lo portò a entrare in contatto con le culture di Spagna e Inghilterra. Inoltre, tra le sue riforme, Carlo Magno decretò il riposo domenicale.

Anche nel 875, molti erano ancora soddisfatti del suo regno e delle sue politiche.

.

CAPITOLO 6
BREVE STORIA ROMANA

- Nel 500 a.C., l'imperatore Giulio Cesare visitò l'Italia.
- Nel 43 d.C, ci fu una battaglia che i Romani vinsero.
- Nel 260 d.C, l'imperatore costruìe un muro lungo 180 chilometri.
- I Romani si divisero nel 455 d.C..
- La battaglia di Antonio Reyes Conkin avvenne nel 601 d.C..
- Nel 670 d.C., Costantino IV era imperatore e combatteva contro le invasioni.
- Giovanni Alberto fu battezzato cattolico nel 793 d.C..
- Pichincha.
- Alfredo il Grande fu incoronato nell'879 d.C..
- Sotto il controllo danese 1015 d.C.

- Nel 1066 d.C., Re Guglielmo I fece costuire la Cappella di San Pietro.
- Tra il 1016 e il 1066, regnò il re Guglielmo I.
- Nel 1214 il re Filippo Augusto redasse la Magna Carta e introdusse le tasse.
- Nel 1258 ci fu la bancarotta d'Inghilterra, a causa della mancanza di osservanza degli statuti.
- La seconda guerra dei baroni ebbe luogo nel 1260.
- La guerra dei 100 anni.
- Enrico V d'Inghilterra incontrò le truppe francesi in Lombardia e ottenne la vittoria nel 1420.
- Enrico V morì all'età di 35 anni e aveva sposato Margherita.
- Enrico VI raggiunse la maggiore età nel 1435.
- Carlo VII morì nel 1814 e fu sepolto a Roma.
- La Germania iniziò una nuova fase della storia dei Germani, l'Impero Romano Germanico.
- La vetta di Carlo Magno fu chiamata Terza storia.

CAPITOLO 7

DINASTIA SASSONE

- Re Enrico I vive nel castello sassone.
- Nel 933, Ottone I viene incoronato re.
- 1029 a 10.
- Enrico III, dal 1036 al 1046
- Corrado IV, 1056-1105, per 50 anni.
- Enrico V, nel 1125.
- Nel 1137, alle religiose non è permesso sposarsi e sono considerate concubine.
- Federico I Barbarossa, 1138-1168.
- Federico II, nato nel 1198, regnò in Sicilia dal 1220 al 1250 e fondò l'Università di Napoli.
- Salerno 1268-1273

CAPITOLO 8

GUERRE MONDIALI

PRIMA GUERRA MONDIALE

N el 1917, le truppe americane giunsero in Europa e iniziarono a combattere i tedeschi. Quando entrarono i marines americani (fondati nel 1817), i tedeschi ordinarono la ritirata e uno di loro disse che «i marines americani erano come diavoli da combattimento».

Nel 1918, i tedeschi lanciarono un'offensiva per vincere la guerra impiegando 120 carri armati. Tuttavia, più di 1200 tedeschi furono fatti prigionieri perché gli americani erano molto preparati e i tedeschi si arresero. L'armistizio fu firmato l'11 novembre 1918 alle 10 del mattino. La Prima Guerra Mondiale lasciò l'Europa devastata, con la scomparsa di 4 imperi, 60 milioni di soldati morti e 4 milioni di mutilati.

Il 28 giugno 1919 fu firmato il Trattato di Versailles, che stabiliva la responsabilità finanziaria dei tedeschi per i costi della guerra.

Tra il 1932 e il 1933, dopo la Prima guerra mondiale, ebbe

luogo lo sterminio degli ucraini, noto anche come Holomodor. In quegli anni ci fu una grande carestia, forse causata da Stalin, che cercava di imporreun nuovo stile di vita. Gli ucraini erano ridotti allo stremo, con la fame e la diffusa malnutrizione. Era diffuso un senso di morte e disperazione, ed i bambini venivano vestiti con abiti militari. L'alleanza tra la sinistra e Stalin, insieme ai nazisti in Germania, portò a un periodo di terrore durante il quale vennero uccise circa 20 milioni di persone. Il loro obiettivo era quello di conquistare tutta l'Europa.

GLI INIZI DI ADOLF HITLER

Hitler fu stato ferito due volte durante la Prima Guerra Mondiale, la prima nel 1914 e la seconda nel 1918.

Nell'agosto 1936, in qualità di cancelliere tedesco, inaugurò le Olimpiadi di Berlino. Tre settimane dopo, ricevette il ministro britannico, la cui visita lo lasciò soddisfatto.

Il 18 giugno 1937 un pilota li accompagnò. A quel punto, i comunisti erano scomparsi e non c'era più disoccupazione. Durante quell' anno, Hitler ebbe un'amante per 4 anni, di nome Eva Braun, con la quale trascorreva occasionalmente del tempo in un appartamento. Il padre di lei era contrariato da questa relazione, poiché la loro era una famiglia dai profondi valori cattolici. Eva fece due tentativi di suicidio, poiché non voleva sposarsi.

Il 28 settembre 1938 Hitler ricevette la visita di Mussolini. In quell'occasione, i due tennero una festa e firmarono un accordo o un'alleanza.

Nel marzo 1938 avvenne l'unificazione con l'Austria, che

Hitler aveva sempre desiderato. Due settimane dopo, il destino della Cecoslovacchia era segnato. L'anno successivo visitò un piccolo villaggio austriaco dove i bambini lo chiamavano «il nostro eroe».

LA SECONDA GUERRA MONDIALE

Il 1° settembre 1939 segna un punto di svolta nella storia mondiale, quando Hitler, con l'invasione della Polonia, diede inizio alla Seconda Guerra Mondiale. In soli due giorni, l'Italia e la Francia si uniscono al conflitto dichiarando guerra alla Germania.. La Polonia, costretta a deporre le armi e ad arrendersi, subì una tragedia umana con oltre 70.000 vittime. La Polonia come nazione cessò di esistere, poiché fu divisa tra Germania nazista e Unione Sovietica. In quel momento, si prospetta l'annientamento anche dell'Italia e della Francia.

Il 10 maggio 1940, il teatro bellico si sposta con l'inizio della battaglia di Francia. 3540 uomini abbandonarono il suolo francese, lasciando armi e mitragliatrici. Le truppe britanniche e francesi furono sconfitte e lasciarono la Francia ritirandosi attraverso la Manica. Un soldato tedesco, nell'euforia della vittoria ottenuta in sole quattro settimane, condivise la sua gioia con la moglie scrivendole che avevano vinto in sole quattro settimane, mentre la bandiera sventolava e le campane risuonavano a festa.

Nonostante le avversità, la Gran Bretagna rifiuta di arrendersi e dichiara la sua determinazione a combattere fino a quando una delle due nazioni non sarà annientata. Inizia così la storica Battaglia d'Inghilterra, un combattimento aereo tra le forze aeree britanniche e tedesche. Hitler, con la sua retorica fiduciosa, rivendicò la superiorità dei suoi piloti e minacciò di infliggere una pioggia di bombe senza precedenti. Se il nemico avesse sganciato 4000 bombe, lui ne avrebbe sganciate 200.000. Più di 4.000 persone morirono a causa di questi combattimenti.

Hitler perse contro l'Inghilterra e iniziò lo sterminio degli ebrei. Hitler diede ordine che gli ebrei fossero marchiati con un bracciale e una catena recante la Stella di David. Ogni giorno 40-50 persone morivano di fame. I nazisti, nell'ambito delle loro cospirazioni, si servono anche delle antiche credenze religiose, inviando un gruppo di sacerdoti in India tramite nave. Alcune teorie suggeriscono che Hitler avesse origini ebraiche e si affidasse anche a un astrologo.

Hitler abbandonò il progetto di invadere l'Inghilterra e decise di combattere contro la Russia, desiderando eradicare il comunismo e condurre una guerra di sterminio. Con oltre 3000 soldati tedeschi contro la Russia, tutti desideravano la vittoria. Uno di questi soldati scrisse a casa manifestando la determinazione di annientare la Russia. Alla fine della guerra, molti di loro trovano la morte sul campo di battaglia.

Nel 1941, Hitler e i suoi generali fallirono nel tentativo di sconfiggere la Russia, causando la morte di molti ebrei. Hitler decise di rivolgere le sue forze contro i giapponesi. Nonostante il desiderio dell'esercito tedesco di ritirarsi, Hitler si oppose. Due mesi dopo, l'esercito sovietico catturò oltre 1200 tedeschi, 90.000 tedeschi si arresero e 80.000 morirono nei campi di concentramento. Alla fine del 1942, circa 1200 bambini e donne furono trasferiti altrove.

Il 15 agosto 1943, le truppe americane sbarcarono a

Messina, in Italia, arrivati su navi provenienti dall'Africa. Dopo gli attacchi contro i tedeschi e gli italiani, Messina fu distrutta, ma gli Alleati vinsero. Con il ritiro delle truppe tedesche e la scomparsa del regime fascista in Sicilia, gli americani riportarono un'atmosfera di normalità sull'isola.

Poco dopo, l'esercito britannico sbarcò in Calabria in preparazione di una nuova battaglia. Tuttavia, i campi di atterraggio furono riparati dai militari italiani, che si erano riorganizzati. Arrivarono dei meccanici per riparare gli aerei e i rottami delle macchine tedesche. Gli inglesi combatterono contro gli italiani e i tedeschi, rischiando la vita di molti piloti durante lo sbarco.

L'8 settembre 1943, i soldati di Badoglio sbarcarono a Salerno, ma la guerra era ancora lontana dall'essere conclusa. Gli Alleati persero molti uomini e la battaglia continuò contro le navi italiane. Alla fine, la marina italiana si arrese e annunciò la fine delle ostilità. L'Italia voleva reclamare gli accordi di tutte le flotte, dato che la marina italiana era stata distrutta. Alla fine l'Italia rinunciò all'intera flotta, che fu presa dalla Germania e dalla Russia, e così la marina italiana iniziò una nuova era.

A Palermo tutto era festoso e i soldati americani si sentivano accolti come a casa. Si immergevano nella gioia del momento, ballando, cantando e partecipando alle attività locali. Montavano a cavallo, giocavano con i bambini, andavano in piazza e facevano il bagno nell'acqua cristallina di Palermo. La loro presenza portò una nuova energia alla comunità, poiché portarono con sé squadre di trattori per aiutare a ripulire l'intera Sicilia.

Nel 1944 ebbe luogo uno degli eventi più significativi

della Seconda Guerra Mondiale: lo sbarco in Normandia. Gli americani fecero il loro ingresso in Europa con 8000 soldati, ma l'operazione si rivelò estremamente difficile e costosa. Lo sbarco richiese un tributo pesante, con il 60% dei soldati che soffriva di mal di mare durante la traversata. Ogni soldato portava un carico di 45 chili e un fucile pesante. 1450 soldati morirono durante lo sbarco e un terzo di loro morì in acqua. Alle 6:42 del mattino, quando i soldati sbarcarono, si trovarono ad affrontare una situazione critica. Se non avessero lasciato le barche e toccato terra, non avrebbero potuto procedere con l'attacco. Con l'acqua che raggiungeva i 80 centimetri, sparare il fucile avrebbe significato la morte immediata per molti. Solo quando l'acqua raggiungeva un metro, i soldati riuscivano a salvarsi.

I tedeschi, uomini addestrati a situazioni estreme e pericolose, si trovarono di fronte ad un momento critico che li portò a pensare di aver fallito. Nella disperazione, fecero arruolare alcuni contadini. Inviarono piccioni viaggiatori e ovunque i tedeschi attaccarono. Gli inglesi si spinsero oltre e raggiunsero le strade di Amburgo, che furono rase al suolo.

Nello stesso anno, il 1944, gli alleati francesi lasciarono la Gran Bretagna per tornare in Francia. In questo contesto, persino i bambini si unirono alla causa, dimostrando il loro coraggio e la loro determinazione nella battaglia per la liberazione della Francia. Intanto, i tedeschi cominciarono a subire gravi perdite, mentre Hitler, pur continuando a guidare la guerra, manifestava segni evidenti di declino fisico e mentale. La sua salute cominciò a vacillare, manifestando problemi cardiaci ed i sintomi del morbo di Parkinson.

Per 12 anni un team lavorò in segreto alla costruzione di

un missile. Nel frattempo, gli Alleati continuarono la loro avanzata e i tedeschi subirono una serie di sconfitte che segnarono la fine imminente del conflitto. L'11 aprile 1945, gli Alleati arrivarono al campo di concentramento di Bambau, dove sopravvisse un solo soldato. Il forno crematorio era colmo di vittime. Le parole «Se sopravvivi, non dimenticare il nostro destino» risuonavano come un monito perenne, una testimonianza del terribile destino che molti dovettero subire. Gli americani si trovarono di fronte alla brutale realtà della guerra e alla necessità di porre fine al male che aveva afflitto il mondo.

Il 21 aprile 1945 i soldati sovietici entrarono a Berlino. La città fu conquistata, ma il costo umano fu terribile: si stima che circa 28 milioni di persone persero la vita nel conflitto, e tra queste, due milioni di donne, molte delle quali tedesche, furono vittime di violenze sessuali.

In questo contesto di disperazione e rovina, Hitler si trovò privo di speranza e incapace di affrontare la sconfitta imminente. La guerra era giunta al termine e il dittatore si sentiva responsabile del fallimento della sua causa. In un ultimo atto di disperazione, sposò la sua amante Eva Braun e scrisse un discorso o testamento politico ai suoi seguaci, prima di compiere l'estremo gesto del suicidio il 30 aprile 1945, insieme alla moglie.

Nell'ultimo mese del conflitto, gli americani fecero il loro ingresso trionfante in piazza a Tunisi. Gli americani sfilarono per le strade a bordo di camion. Gli Alleati continuarono il loro cammino verso la Francia, consolidando ulteriormente il loro progresso nella guerra. Tuttavia, non tutti accolsero con gioia questa vittoria. Gli italiani, in particolare, non erano soddisfatti del trattamento che avevano ricevuto dagli alleati. I militari americani avevano abbandonato gli italiani e dopo tre anni, nonostante gli italiani avessero combattuto con coraggio, li lasciarono con un senso di amarezza e tradimento.

CAPITOLO 9
GLI EBREI

Il destino degli ebrei durante il XX secolo fu segnato da un'odissea di persecuzioni e rifiuti. Senza una patria da chiamare propria, molti ebbero difficoltà a trovare un luogo di accoglienza.. La Spagna, ad esempio, cercò di aiutare gli ebrei inviandoli su una nave, ma nessun paese si offrì di riceverli Fortunatamente trovarono rifugio a Puerto Cabello, in Venezuela. Lì furono accolti a braccia aperte; bambini e adulti facevano festa.

Nel 1948 gli ebrei ricevettero finalmente un piccolissimo pezzo di terra in Israele, dove poter costruire una nuova casa e coltivare la loro identità. Oggi la comunità ebraica controlla il mondo in termini di ricchezza e di organizzazioni sindacali.

CAPITOLO 10
LA MAFIA

LA MAFIA SICILIANA

L'origine della mafia in Italia risale al 1812, in Sicilia, quando 20.000 proprietari terrieri furono reclutati per riempire il vuoto di autorità. In molti paesi, la mancanza di una forza di polizia efficace per controllare i banditi, portò alla formazione delle mafie, governate dal codice del silenzio. Uno dei più noti boss mafiosi di quel periodo fu Vito Cascio Ferro, il quale comandava una banda di circa 8000 uomini. Era coinvolto nel furto di bestiame su vasta scala e nell'omicidio di persone sia in Sicilia che nel distretto di Corleone.

Quando Mussolini salì al potere, iniziò una dura persecuzione contro i mafiosi. A Palermo scoppiò una vera e propria guerra, poiché il fascismo mirava ad eliminare la mafia. Molti mafiosi furono uccisi e molti si trasferirono con le loro famiglie negli Stati Uniti per spacciare droga, sigarette e alcol.

Pochi anni prima dello scoppio della Seconda Guerra Mondiale, gli Stati Uniti divennero il centro della mafia, guidata da Al Capone. Per garantirsi un futuro migliore, la mafia si espanse anche in America Latina e stabilì una presenza organizzata a Cuba, dove persino celebri esponenti della criminalità organizzata trascorrevano il Capodanno.

LA MAFIA A CUBA

Negli anni '20, un giovane Lansky giunse negli Stati Uniti, dove cominciò a frequentare i tavoli da gioco e a pagare per parteciparvi. Nel 1928, Lansky divenne consulente di Lucky Luciano, un italo-americano di spicco nel mondo della mafia. Mentre i loro affari si moltiplicavano, Lansky convinse Luciano a investire e riciclare denaro a Cuba e a gestire gli affari direttamente con il dittatore Batista. Tuttavia, Luciano veene incriminato e imprigionato dall'FBI, che gli impose di trasferirsi negli Stati Uniti.

Durante la Seconda Guerra Mondiale, Luciano venne rilasciato dal carcere a condizione di non tornare negli Stati Uniti e si recò a Cuba, dove incontrò Batista. Dopo alcuni mesi, Luciano divenne il capo della mafia latino-americana.

Cuba divenne un importante polo mafioso, con la costruzione di numerosi alberghi e l'espansione degli interessi criminali nell'isola. La presenza di Luciano a Cuba mise fuori gioco l'FBI e la mafia gli intimò di non andare più a Cuba. Luciano abusò della libertà dell'isola dopo essere stato rilasciato dal carcere. Comunicò con i suoi affiliati negli Stati Uniti e organizzò operazioni utilizzando un passaporto italiano. Inoltre, inviò ingenti somme di denaro in deposito in Svizzera, agendo anche a nome di Batista.

Nel frattempo, Fidel Castro iniziò a far sentire la sua presenza a Cuba. Studiò lo scenario politico, e affermò che c'era bisogno di libertà, non di rivoluzioni. Nel 1952 Batista fece un colpo di Stato e tornò al potere. Lansky trasformerà Cuba nel miglior porto, con molti casinò che attireranno gli americani con il loro fascino e il loro comfort. Lansky rivoluzionerà il gioco d'azzardo.

Batista impose una stretta censura sui casinò che non rispettavano le condizioni, ma la mafia gli offrì garanzie affinché gli abitanti possano migliorare il loro tenore di vita. Tuttavia, alla fine, la maggior parte dei profitti finiva nelle tasche dei casinò stessi. Lansky era preoccupato perché Batista voleva il 50/50 dei profitti, che non gli era vantaggioso. Luciano e Lansky affermarono che la mafia fosse disposta a negoziare con i guerriglieri rivoluzionari, solo se Batista sarebbe stato eliminato.

Nel 1958, Lansky attese Batista all'Hotel Nacional, dove quest'ultimo si congedò dalla mafia. Lansky proclamò l'avvento di una nuova era, esortando a massimizzare i guadagni: «dobbiamo iniziare la nuova era, dobbiamo prendere tutti i soldi che possiamo». Nel 1959, Fidel Castro rovesciò Batista, nominandosi comandante, senza però non ricevere la mafia. Lansky fugge con centinaia di migliaia di dollari e va a *Miami*, anche se un colombiano gli aveva suggerito di andare a Medellín. Alla sua morte, avvenuta all'età di 80 anni, Lansky è l'uomo più ricco degli Stati Uniti.

Il 3 maggio 1999 fu stato inaugurato a Las Vegas l'Hotel Venezia, caratterizzato da un lussuoso centro commerciale di

500 metri, di un ristorante di prima classe e di un canale navigabile di gondole. Il costo di una notte era di 425 dollari, valido per due adulti e due bambini.

LA MAFIA IN MESSICO

Virginia Hill, nota anche come la Regina della Mafia, è stata una delle figure più importanti della criminalità organizzata. Virginia si trasferisce a Chicago per sfuggire al marito violento e trovò lavoro in un bar. Lì fece amicizia con un colonnello, che la aiutò perché si sentiva in pericolo. Grazie alle sue capacità, entrà nel mondo della mafia e iniziò a partecipare agli affari.

Virginia raggiunse Luciano a New York, mentre l'FBI tentava di eliminarli, mentre Luciano fece fortuna. Virginia si trasferì a Los Angeles e iniziò a organizzare grandi feste per stabilire contatti.

Costruì il primo casinò di Las Vegas, il Flamingo Hotel, insieme all'amante Bugsy Siegel, altro socio di Luciano. La mafia accusò Virginia di aver trasferito il denaro destinato all'hotel sui suoi conti personali in Svizzera. Virginia fuggì, finché non trovò sul giornale la notizia che tanto temeva: Siegel era stato assassinato, e sapeva che i tradimenti si pagano con la vita. Virginia, cosciente del suo destino, volle suicidarsi e prese delle pillole, ma venne salvata.

Luciano fu mandato in Sicilia dal governo americano e Virginia gli chiese perdono. Lui le concesse una seconda possibilità e la mandò in Messico per espandere le reti mafiose. È il 1948, e il Messico è una nazione fiorente. Virginia frequentava i migliori night club della capitale messicana e, fingendosi milionaria, iniziava a stringere rapporti con i politici. Le fu consegnato un elenco di nomi da contattare. In Messico i politici erano sotto il controllo della mafia, compreso il presidente Miguel Alemán. Il turismo in Messico aumentava in maniera esponenziale, e furono creati dei casinò.

Virginia rappresenta una protagonista importante degli inizi della mafia in America Latina. Viaggiando su aerei privati tra la Sicilia e il Messico, cominciò ad attirare l'attenzione dei giornalisti e iniziarono le indagini dell'FBI. Virginia cercò di sottrarsi alle pubblicazioni sui giornali, mentre l'FBI le stava preparando un'offensiva. La regina della mafia cadde nella sua stessa trappola quando, durante un'intercettazione, ammise la sua complicità. L'FBI la arrestò e le disse che la strategia della mafia era di affrontare le rivoluzioni.

LA MAFIA A CHICAGO

- Al Capone nacque a Brooklyn nel 1899 e fu il boss della più grande mafia di Chicago. Morì malato nel 1947.

- Joe Aiello, spacciatore di alcolici e nemico di Al Capone. Fu assassinato nel 1930.

- Bugs Moran, nemico di Al Capone, si alleò con Joe Aiello per uccidere Al Capone e rilevare il business della birra. Morì in prigione nel 1956.

- Frank Nitti, nato nel 1887, è stato una delle guardie del corpo di Al Capone e successivamente un suo successore. Morì suicida nel 1943.

- Anche Sam Giancana, nato in Illinois nel 1908, era un boss della mafia di Chicago. È stato assassinato nel 1975.

- Joe Masseria, boss della mafia di New York, nato nel 1885 e assassinato nel 1931.

- John Scalise, membro delle bande di Chicago, nacque nel 1902 e fu ucciso dai proiettili nel 1929.

Durante l'epoca del proibizionismo negli Stati Uniti, c'erano bande di mafiosi che lottavano per il potere e si uccidevano a vicenda per le strade. Al Capone è stato un uomo molto pericoloso, che rapinava camion, gestiva bordelli e spacciava alcolici. Aveva nemici dalle altre bande della città, e aveva subito diverse imboscate. Capone reagì ed era disposto a far fuori i suoi nemici, soprattutto Bugs Moran. Decise dunque di organizzare il noto massacro di San Valentino, il 14 febbraio 1929.

Il piano di Capone era quello di ingannare Moran e offrirgli alcune casse di whisky a un prezzo molto basso, utilizzando qualcun altro per effettuare la vendita. Un presunto signor Matute, nato a Castel Gandolfo e dedito ai trasporti, gli offrì 80 casse in contanti. Chiese 56 dollari a cassa, più la liberatoria dell'operatore. Dei 4996 dollari richiesti, gliene furono pagati solo 4000.

Alle 16.00 in punto, l'inganno doveva essere compiuto, la trappola tesa per eliminare il boss. Don Pasquale, uomo di rigore, si confrontava in uno scontro all'ultimo sangue, solo per poi trasformare il momento in un'orgia di celebrazione. «Il problema di questo paese è che non c'è ordine», disse giustamente Al Capone. Per le strade, i ragazzi fumavano, desiderosi di vendetta.

Tutto era pronto per il Massacro di San Valentino, la vendetta spietata di Al Capone sui suoi nemici. All'alba, gli uomini della gang, camuffati da poliziotti, scatenarono un finto raid contro i membri di una banda rivale. Li acchiapparono, disarmano e li uccisero.

Aiello, un altro dei gangster di Chicago, si muoveva nell'ombra senza precedenti penale. Fece un accordo per acquistare un'auto nuova da 800 dollari al prezzo scontato di 750 dollari, consegna inclusa, insieme ad alcuni fucili mitragliatori. Nel 1892, Aiello aveva un bilancio di 30 persone uccise nell'arco di 3 anni. Aiello fu ucciso da Capone un anno dopo il massacro di San Valentino.

CAPITOLO II
GUERRA DI COREA

L a Corea del Nord, un luogo isolato e tra i più tristidel pianeta, è la quarta potenza militare mondiale. Nel 1950, le terre coreane furono teatro di scontri che coinvolsero un nutrito contingente di soldati americani. Per tre lunghi anni, in quella terra lontana, caddero soldati di diverse nazionalità: cinesi, americani, francesi. Quarant'anni più tardi, la Corea del Sud si interroga ancora sul perché di quella guerra, che ai suoi occhi sembra quasi un terzo conflitto mondiale. La ferita dei ricordi è profonda, e il passato continua a tormentare le menti dei suoi abitanti.

Era una domenica mattina, quando Carol all'epoca di soli nove anni, frequentava il liceo. L'Europa era già dilaniata dalla Seconda Guerra Mondiale, eppure per lei sembrava solo una questione di lontane relazioni. Nel caos del conflitto, le donne furono spesso sfruttate come merce da esibire per i soldati americani, accolti con sospetto dalla popolazione locale.. Mentre i sovietici avanzavano, conquistando territori nel sud della penisola coreana, si progettava la liberazione dall'occupazione americana, con l'idea di unire le due Coree sotto la bandiera comunista. Gli accordi tra giapponesi e americani stabilirono che il popolo giapponese avrebbe deciso il futuro governo. Era un'idea attesa da lungo tempo, destinata a plasmare il destino di un'intera nazione.

Presto nelle strade iniziano gli scioperi, alimentati dal rifiuto della presenza americana. Un giovane studente di medicina si erge a insegnante tra i suoi pari. Nel 1948, le proteste persistono e l'intera nazione si prepara alla possibilità di un conflitto imminente. Gli Stati Uniti si unirono per invadere la Corea del Nord, nonostante le chiare voci di dissenso che esclamano «non vogliamo la guerra». Anche i cinesi mostrano avversione verso l'idea di un conflitto bellico. Gli americani, forse ingannati da un senso di lontananza dalla guerra, si resero presto conto che la minaccia era molto più vicina di quanto immaginassero. Nessuno sembra aver avvisato Stalin riguardo all'invasione della Corea del Sud, e gli Stati Uniti erano determinati a non fermarsi di fronte alla prospettiva di un conflitto imminente.

Il 25 giugno 1950 la Corea del Nord lanciò una guerra contro la Corea del Sud. Gli americani condannarono la Corea del Nord e la Russia nel frattempo si confrontò con il mondo. Il comandante statunitense, a sua volta, attribuì la colpa agli imperialisti per l'escalation del conflitto.

I cinesi non erano a conoscenza degli interventi degli studenti e iniziarono a prepararsi, utilizzando le medicine della polizia nordcoreana. Circa 44.000 soldati rimasero intrappolati e molti di loro si arresero. La carenza di medicinali contribuì a trasformare la situazione in una vera e propria guerra.

I comunisti volevano la guerra. Una bambina di 11 anni tornò a casa perché i suoi genitori erano stati uccisi. Quando i comunisti armati si recano in Corea del Sud, commisero molte uccisioni tra la popolazione locale.. La gente era ostile nei confronti dei coreani. I sudcoreani, incapaci di resistere, nutrivano la volontà di vincere la guerra. La porta delle Americhe si chiusero.

Un giovane di meno di 20 anni non volle evitare gli scontri tra comunisti e separatisti. Un giornalista gli disse di spiare i nordcoreani e volle una confessione. Il giovane rifiutò e i due furono arrestati e messi in prigione.

Nel settembre 1950, la Cina temette che molte persone stessero per morire. Le forze statunitensi stavano pianificando come piegare i coreani e ottennero una vittoria. Era autunno, e si profilava il segreto di una guerra nucleare. Il 10 novembre 1950, lungo il fiume, ebbe inizio un capitolo oscuro con il lancio di una bomba da 3 tonnellate, la più grande degli Stati Uniti. Il pilota chiese alla Francia di sganciare la bomba a 765 metri d'altezza, provocando un tremore che si sentìfino a 40 chilometri di distanza. I bambini furono portati a vedere il disastro e un ragazzo di 18 anni, non era preparato alla guerra, rimase sbalordito.

Douglas MacArthur, il generale americano, dichiarò che la guerra si vince o si perde. Gli Stati Uniti si vendicarono con la loro grande flotta aerea, mentre la gente veniva bruciata e soffocata a morte. In un piccolo villaggio ci furono 200 morti.

Gli americani sospettavano che i coreani si nascondessero. I civili non erano dalla loro parte: venivano considerati nemici. In seguito si scoprì che si trattava di un grande villaggio dove si erano rifugiati.

CAPITOLO 12

GUERRA TRA STATI UNITI E MESSICO

INDIPENDENZA MESSICANA

– Nel 1815 il Messico era una colonia. Con la morte di Morillo, scoppiò l'insurrezione. I ribelli sii ritirarono nella zona di Veracruz, famosa per la pesca, che veniva trasportata attraverso un ponte. È così che sono nate molte attività commerciali.

- NEL 1816 Juan Luis Porlaco arrivò alla corte di Madrid. Gli uomini erano stanchi di combattere da giorni, così iniziarono gli indulti degli insorti. I politici della corona spagnola, feriti a morte, preferirono l'indulto. L'insorto si ritrovò nel Passo delle Pecore.

- Nel 1817 decisero di combattere il monarca, e comprarono spade per l'insurrezione. Molti furono fucilati e la lotta degli insorti divenne difficile. Combatterono con 81 uomini e la guerra si stabilizzò. Il popolo spagnolo era esausto, poiché il conflitto perdurava da molto tempo. Anche gli insorti erano stanchi e desideravano la pace con le loro imprese.

- Nel 1820, Rafael del Riego guidò una rivolta militare e invitò il re Ferdinando VII a ritirarsi. La richiesta includeva anche riforme ecclesiastiche e l'espansione delle province. Il re si unì alla cospirazione e per anni la Corona di Spagna rimase in stato di disprezzo.

- Nel frattempo, nel gennaio 1821, Vicente Guerrero stava organizzando un nuovo esercito in Messico. Puntava alla vittoria, ed essendo di discendenza americana, aspirava ad essere superiore e stringere alleanze con amici leali. Guerrero aveva competenze politiche e sognava l'indipendenza. Voleva ottenere il sostegno dei cattolici e non aveva riserve nel cercare appoggio della famiglia dei baroni. La sua missione era garantire tre principi fondamentali: religione, pace e lealtà.

- Entro 6 mesi, le truppe messicane riuscirono a occupare Guadalajara. Il Re di Spagna rispetta le regole e i massoni si opposero. Il re polacco viene appreso a Veracruz e gli spagnoli vogliono vincere tutti i trasferimenti e i trattati.

- A Cordoba inizia la liberazione del Messico e gli ultimi soldati spagnoli abbandonano il Paese. In un discorso pronunciato dal Liberatore del Messico, egli rivolge loro le seguenti parole: «Siete liberi. Sta a voi andare avanti.»

INTERVENTO DEGLI STATI UNITI IN MESSICO

Gli Stati Uniti dichiararono guerra al Messico nel 1846. In quell'anno, l'esercito americano aveva attraversato il Rio Grande. Il presidente americano dell'epoca era il generale

Polk, un uomo carismatico e brillante, anche se alcuni lo trovavano noioso. Nello stesso anno, l'esercito americano sconfisse gli Aztechi e la California cadde sotto il loro controllo.

Da parte sua, Antonio López de Santa Anna tornò dal manicomio e fece un discorso che dedicò al Messico, che gli permise di rientrare nel paese. Era considerato l'unico in grado di rovesciare gli Stati Uniti. Nel 1847, Santa Anna organizzò l'esercito con 20.000 uomini, 15.000 dei quali sopravvissero. I guerriglieri messicani fecero orrori con l'esercito, alimentando sospetti sul loro presunto aiuto agliamericani.

L'esercito statunitense, guidato dal generale Scott, avanzò nelle zone di Saltillo e Veracruz. Scott era malvisto da tutti a causa del suo aspetto. L'esercito comandato da Santa Anna soffriva per la fame e il freddo, con molti soldati morti e moribondi, ma era determinato ad andare avanti.

Durante una delle battaglie più importanti, la Battaglia di Angostura, le truppe messicane e americane si scontrarono in una notte piovosa e ventosa. Il generale Manuel María Lombardini guidò un attacco frontale contro gli americani, che li attaccarono con le loro batterie d'artiglieria. Molti soldati americani furono uccisi, ma le perdite tra i messicani furono peggiori. Santa Anna si trovò sorpreso dalla durezza dello scontro e, vedendo che la vittoria era fuori portata, si affidò alla Chiesa cattolica per assistenza finanziaria.

Santa Anna fu quasi rovesciato dopo questa battaglia. 10.000 soldati americani lo aspettavano a Veracruz ed egli si rassegnò al suo destino. D'altra parte, il generale Scott giunse a Veracruz e le battaglie e i bombardamenti continuarono. Non c'èra fine ai feriti e ai morti da entrambe le parti e si stima che siano stati sparati più di 6.000 colpi di cannone americani. Santa Anna disse: «Ogni nazione ha il suo destino. Non è nelle mani degli americani, è in noi».

Il 14 aprile Scott disponeva di 6.500 uomini, mentre Santa Anna ne aveva 14.500. Durante la notte, Scott posizionò le sue truppe sulle colline, e alle 10 del mattino seguente la battaglia era già terminata, con gravi perdite per i messicani. Dal punto di vista del generale Scott, la sua perdita di uomini era un duro colpo, e stava cercando di ricostruire l'esercito mentre la guerra continuava. . Il suo esercito pensava di essere il soldato del popolo. Santa Anna, d'altro canto, era convinto che gli americani non sarebbero riusciti a far passare i rifornimenti e che avrebbero potuto circondarlo. Da parte sua, Scott considerava questa battaglia come una missione persa da un povero.

All'epoca, uno scrittore americano scrisse che queste nazioni non avrebbero dovuto fare scalo. Il piccolo esercito di 4.000 uomini si nascose con molti problemi tra la cima dei due vulcani. Gli spagnoli avevano costruito una chiesa sulla cima. Scott voleva proseguire, ma i soldati americani erano disorientati. Un altro generale pensava che i messicani non avrebbero potuto batterli.

Nel 1847 il generale Scott riteneva di poter vincere, attraversando la montagna e tornando indietro. Era a due giorni di distanza dalla città di Puebla. Stava seguendo lo stesso percorso di Cortez, che 300 anni prima aveva fallito nel conquistarla. Scott attraversò la montagna e lasciò l'esercito in quella città, dicendo «quella città sarà nostra». Un altro generale americano dubitava della possibilità di successo, poiché la città era enormemente fortificata. Mentre avanzavano, lee campane suonavano.

Il generale Santa Anna riuscì a ricostruire l'esercito, radunando 25.000 uomini anche se equipaggiati con armi obsolete, per affrontare le forze statunitensi. Tuttavia, durante la battaglia di Padierna, l'ambizioso generale Gabriel Valencia progettò un'audace mossa per ottenere la vittoria. Nonostante l'apparente favorevole posizionamento di 23.000 americani, Scott pensò che la situazione fosse sotto controllo. Valencia intendeva ritirarsi attraversando il fiume, ma Santa Anna incontrò difficoltà nel compiere questa manovra. Dopo tre giorni di scontri, le forze di Scott subirono la perdita di 10.000 soldati americani.

Nonostante le numerose sconfitte subite, Santa Anna era determinato a mantenere il comando con tutte le sue forze. José Fernández Ramirez, desideroso di conoscere l'esito degli eventi, esclamò: «Dite alla mia famiglia che abbiamo perso. Le nostre anime sono spezzate». Anche Nicola era incline a cercare un accordo, ma nessuno dei generali di Santa Anna era disposto ad accettare le condizioni proposte. Pertanto, Santa Anna decise di sospendere i negoziati in quanto risultati infruttuosi..

Scott progettò di ristrutturare l'esercito, ma non ebbe successo. Nella battaglia di King's Mill pensava di trovare polvere da sparo e munizioni, ma si trovò a corto di entrambe . La battaglia durò due ore. Anche se Scott subì una sconfitta, le perdite di Santa Anna furono ancora più pesanti. Le campane suonavano, ma nulla poteva cambiare il corso degli eventi.

Durante la battaglia di Chapultepec, l'esercito messicano

osservava con ansia i movimenti delle truppe statunitensi. Nonostante una lotta accanita che durò 14 ore, i messicani non cedettero. Santa Anna desiderava rinforzi per il suo esercito, ma nessuno fu inviato in suo soccorso. Il colonnello Juan Cano, rivolgendosi a suo zio, esclamò:: «Dì a mio fratello di non venire a Chapultepec. Non voglio che il mio povero padre rimanga senza figli».

400 cecchini salirono sulla collina e anche i cadetti combatterono, compreso un ragazzo di 13 anni che fu ucciso. Gli americani abbatterono il castello di Chapultepec e i messicani si arresero, perché avevano fallito. All'albadel 14 settembre, il generale Scott era salito a lanciare pietre contro l'esercito nemico.

Dopo la serie di sconfitte, Santa Anna si ritirò in esilio e si distanziò dalla maggioranza. «Non ho mai fatto nulla di male contro il mio Paese», disse. Santa Anna, dopo essersi arricchito, perse tutto e rimase solo con la moglie.

Nicholas Trist, diplomatico statunitense inviato in Messico durante la guerra, non era mai stato in missione. Era stato sospeso dagli americani per aver disobbedito agli ordini durante i negoziati per la fine della guerra. Questa fu la sua prima vera esperienza di combattimento. Un messicano scrisse a Trist, il quale disobbedì ai suoi superiori, scrivendo un documento di 46 pagine.

Come risarcimento per aver perso la guerra, gli americani offrirono ai messicani 15.000.000 di dollari, che però non accettarono. Se avessero accettato la vendita, avrebbero ottenuto la cittadinanza statunitense, ma non lo fecero. Il 19 febbraio 1848 firmarono un trattato di pace.

Molti messicani si opposero fermamente a diventare

cittadini statunitensi. Dicevano: «Siamo stati sconfitti e molti sono morti. Il nostro popolo ha il diritto di vivere in pace. Abbiamo perso la California e La Mesa e stiamo ricevendo 15.000.000 di dollari. Accettiamo la sconfitta.

Il 30 maggio, finalmente, fu stabilita la pace ed entrambi i paesi guardarono al futuro. I messicani non dimenticheranno mai questo momento, poiché rappresenta una mutilazione del loro territorio. I veterani messicani marciarono con orgoglio nonostante la sconfitta.

Guillermo Duque affermò: «In Messico abbiamo perso il territorio, ma abbiamo l'esperienza di organizzare la nostra nazione da soli. È difficile assimilare questa enorme sconfitta. Gli americani avevano vinto.

Nel 1865 si strinsero le mani, celebrando un'azione così infame contro una nazione così piccola. La terra espropriata in California è ricca di oro e minerali. Nessuno dei messicani accettò la cittadinanza americana. Mariano Vallejo fu una figura molto importante nel passaggio della California da territorio messicano a territorio americano. Con la sua terra, fecero un giardino, e al momento della sua morte nel 1896, lasciò un ettaro di terra, alcune mucche e l'esperienza di non aver combattuto.

Thomas Nelson Jr. sosteneva che la lotta non portasse a nulla. Oggi la guerra è un caso di studio molto importante, ma l'esperienza condivisa tra i due paesi è destinata a rimanere parte integrante della loro storia.

CAPITOLO 13
LEONARDO DA VINCI

Leonardo Da Vinci era figlio di una schiava di nome Caterina. La storia della schiavitù mediterranea si trova a Venezia. Fu indiscutibilmente un pittore di grande fama e fu uno dei migliori pittori del Rinascimento italiano e del mondo.

CAPITOLO 14
INVENTORE DELLA LUCE

Nonostante Marconi sognò per oltre 1000 notti, non riuscì a completare il sogno di creare luci. Un giorno guardò due pietre e notò che si illuminavano al contatto, e le fece brillare. Pensò che con questo gesto sarebbe riuscito ad avere la luce, quindi iniziò a studiare. A poco a poco, inventò le luci.

CAPITOLO 15

CRISTOFORO COLOMBO

C ristoforo Colombo, conosciuto in castigliano come Cristóbal Colón e in inglese come Christopher Columbus, era un marinaio genovese. Sognò che dopo il mare c'era la vita e chiese aiuto al governo italiano, che però non aveva modo di aiutarlo. Si rivolse alla regina Isabella in Spagna, che gli diede tre navi: la Niña, la Pinta e la Santa Maria. Gli diede anche degli uomini per comporre il suo equipaggio, si trattava di prigionieri molto pericolosi.

Dopo settimane di navigazione, i marinai iniziarono a perdere la speranza e alcuni complottarono per uccidere Colombo e tornare indietro. Tuttavia, prima che il piano potesse essere messo in atto, il 12 ottobre 1492, un membro dell'equipaggio avvistò la terra, e così fu scoperto un nuovo continente: l'America.. Colombo e il suo equipaggio esplorarono le terre appena scoperte, entrando in contatto con le popolazioni indigene che vi abitavano.

CAPITOLO 16

IL MIRACOLO DI JOSÉ GREGORIO HERNÁNDEZ

S ono Teresa Di Sclafani e nel 1967 ho vissuto un miracolo. Mio figlio Vincenzo aveva la febbre. Alle tre del pomeriggio gli ho dato il rimedio e la febbre è scesa alle sette, addormentandosi alle otto. Quando sono andata a controllarlo, tremava. Gli ho dato il farmaco e la febbre non è scesa, così gli ho dato una supposta. A mezzanotte, ha smesso di respirare. Ho chiamato il dottor José Gregorio Hernández con tutte le mie forze, e dopo mezz'ora, ha ricominciato a respirare.

Ci siamo recati alla clinica Calicanto e la febbre era salita a 43 gradi. Lo avevanoimmerso in una vasca con acqua e ghiaccio, riuscendo a far scendere la febbre. Il giorno dopo aveva delle piaghe in bocca.

Per gratitudine ho portato una targa a José Gregorio Hernández a Trujillo, sua città natale, e una a Caracas, dove è sepolto. Sebbene abbia compiuto molti miracoli, il Papa non li ha ancora ufficialmente riconosciuti a causa di preoccupazioni riguardanti l'interferenza degli stregoni con il suo spirito.

Il 30 aprile 2021 una giovane ragazza ha subito un incidente che ha portato alla formazione di un tumore alla testa, miracolosamente sparito successivamente. Questo miracolo è stato finalmente riconosciuto dal Papa, e José Gregorio è stato beatificato.

In virtù di questo evento, ho deciso di far realizzare una statua del beato nel paese natale di mio marito, Alia, in Palermo, Italia. Ho contattato padre Antonino Vicari e mi ha detto che non sapeva della beatificazione. Dopo aver verificato presso il Vaticano e ottenuto conferma, ho avviato il processo con il vescovo Giuseppe Marchante.

Dopo tre mesi, ho ottenuto il permesso di collocare la statua nella piccola chiesa all'ingresso del villaggio di Santa Rosalia. La statua, alta 170 centimetri con una base di 10 centimetri, è stata realizzata dal migliore scultore al mondo, che lavora per il Vaticano.

Essendo residente in Florida, non potevo presenziare direttamente, quindi ho incaricato il marito della mia nipote Santina, Giuseppe Nogara, un militare devoto. Ha organizzato tutto e sono volata in Italia il 18 giugno per la cerimonia di benedizione. Erano presenti monsignor Di Sclafani, padre Mormino, e il parroco della Chiesa Madre e di Santa Anna, padre Antonino Vicari, insieme al clero, alla confraternita della Madre delle Grazie San Giuseppe e della Divina Provvidenza, ai musicisti e a tutto il paese.

Mio nipote ha parlato della vita del Beato José Gregorio Hernández e poi ho parlato io, testimoniando il miracolo. Noi Di Sclafani abbiamo fatto la storia.

CAPITOLO 17

PAPA FRANCESCO

Papa Francesco, il 12 settembre 2023, ha espresso critiche nei confronti della destra ucraina e ha manifestato il suo accordo con la Russia, affermando che la grande nazione russa si oppone alla Repubblica.

Il Papa ammirava la politica di Perón. Durante quel periodo, si verificò il grave crimine del furto e della vendita di bambini, compiuto da alcuni individui che rapirono una suora e un prete. Il Papa, tuttavia, non fece mai dichiarazioni in merito. Dopo molti anni, alcuni di questi bambini stanno finalmente tornando a casa con i figli grandi e le loro mogli. Alcune madri sono ancora in vita, mentre altre sono morte. Ogni giorno, queste donne si recano a Plaza de Mayo per reclamare i loro figli, testimoniando così la loro triste storia.

CAPITOLO 18

FRANCISCO DE MIRANDA

Francisco de Miranda nacque a Caracas nel 1750. Suo padre era un isolano e sposò sua madre mentre era incinta. La madre aveva nove figli vivi e diversi figli morti, di cui Miranda era il maggiore. All'epoca della sua nascita, la popolazione del Venezuela era composta da bianchi, neri, indiani e meticci.

Durante l'infanzia ebbe i migliori insegnanti, ed era un bambino molto intelligente. Studiò alla scuola militare, e il grado di generale. Nonostante la vicinanza con molte belle donne dell'alta società, non si sposò mai. Parlava inglese, italiano e castigliano.

Ebbe problemi con l'Inghilterra, la Spagna e la Francia a causa delle sue idee a favore dell'indipendenza. Combatté contro gli spagnoli per liberare l'importante isola di Cuba e contro i francesi per liberare la grande città di New Orleans, vicino al fiume Mississippi. Fu imprigionato più volte, ma nulla fu mai provato contro di lui.

Visse per diverso tempo in Francia, ma non vi era ben accolto, e rischiò di essere cacciato dal Paese.. Secondo la sua opinione, non avrebbero potuto farlo, perché era un cittadino che pagava regolarmente le tasse. Miranda arrivò in Olanda e fu presentato al Ministro di Francia, che lo indirizzò al Prefetto. Anrò quindi dal Ministro della Polizia, che lo presentò al Console e gli spiegò perché era tornato in Francia. Disse che non voleva confrontarsi con nessuno, ma aveva solo bisogno di risorse per sopravvivere, perché la Repubblica ha il suo patrimonio.

Gli venne consegnato un passaporto in cui era riportatoche Miranda aveva 46 anni ed era alta 1,78 metri. Avrebbe dovuto essere autorizzato ad andare a Parigi senza problemi. Non appena gli venne consegnato il passaporto, il console, amico di Miranda, si attiva per farlo uscire, riuscendo a trovare un modo. Napoleone acconsentì dunque alla presenza di Miranda, che poté vivere a Parigi o in qualsiasi altro luogo della Francia a condizioni particolari, finché non fosse stato libero.

Napoleone giunse a Parigi il 30 agosto 1800 e, il giorno seguente, incaricò il suo ministro Joseph Fouché di organizzare tutto per il suo viaggio per gli Stati Uniti. Miranda fece visita all'amica marchesa De Custine, all'epoca innamorata di Fouché. La marchesa intervenne a favore di Miranda, sfruttando la sua influenza personale e considerando la situazione come un caso politico. Ma pochi giorni dopo, la polizia fece irruzione a casa di Miranda, accusandolo di cospirare contro la Francia, quando in realtà il suo obiettivo era complottare contro la Spagna, alleata della Francia.

Gli venne consegnato un altro passaporto in cui si dichiarava che avesse 47 anni e che fosse alto 1,76 metri. Il 17 marzo 1801 partì dalla Francia per l'Inghilterra e divenne ben presto il fervido amore di Chateaubriand. Miranda, manipolato da Napoleone, non venne spinto oltre.

Il 13 maggio, pochi mesi dopo il suo arrivo, i nuovi ministri lo ricevettero con amicizia e con piani civili e militari, tutti realizzati in segreto. L'Inghilterra gli diede sostegno politico, militare e finanziario. Questi sono i documenti che lo accusano, redatti in Francia e in Spagna. La corona spagnola vuole la sovranità dell'America, né per donazione papale né per diritto di conquista. La Spagna inviò un deputato al Congresso.

Miranda cercò l'indipendenza e la libertà per diversi paesi delle Americhe, con i seguenti ideali:

- La religione cattolica sarebbe la religione principale, ma altre religioni sarebbero tollerate.

- Le funzioni ecclesiastiche sono dichiarate incompatibili con quelle civili.

- Gli indiani di colore godranno dei diritti di cittadinanza.

- Ogni cittadino di età compresa tra i 18 e i 58 anni è obbligato a prendere le armi per difendere la patria.

- Gli schiavi erano esclusi. Miranda vedeva troppo lontano e sembrava averli dimenticati.

- I prigionieri di guerra dovevano essere assistiti con generosità e dignità.

- È vietato maltrattare i civili nelle colonne militari.

- Il commercio illegale, gli ambulanti non regolamentati e la prostituzione sono soggetti a reclusione.

Miranda stabilì standard molto corretti a Panama, come

voleva il governo americano. Presentò progetti a Curaçao e disegnò la bandiera venezuelana, gialla, blu e rossa.

Progettò di sbarcare a Coro, in Venezuela, dove gli abitanti erano favorevoli all'indipendenza e non erano difesi. Fu formato un corpo di 2000 uomini e 300 cavalli che lo avrebbe seguito fino a San Felipe, Nirgua e Valencia. Il suo piano prevedeva l'utilizzo del sistema romano, mantenendo forti posizioni lungo la linea centrale, da Curaçao a Valencia. Voleva anche cercare rinforzi e dirigersi verso la Valle di Aragua attraverso Maracay, San Mateo e La Victoria, una zona fortemente popolata da persone inclini all'indipendenza. Una forza marittima proveniente da Granada e Trinidad avrebbe attaccato Cumaná e La Guaira. Questo avrebbe posto Caracas in una posizione vulnerabile tra due forze nemiche, riducendo così la resistenza provinciale e assicurando il successo dell'operazione.

Trinidad può essere raggiunta attraverso il fiume Orinoco. Una volta assicurato il controllo su Caracas, una grande forza armata sarebbe stata inviata a Maracaibo, Riohacha, Santa Marta e Cartagena, tagliando così l'uscita del fiume Magdalena. Questa mossa avrebbe bloccato le comunicazioni di Nuova Granada. Per evitare l'invio di rinforzi dall'Avana a Cartagena, la flotta britannica avrebbe bloccato il porto sull'istmo di Panama. Successivamente, una forza marittima sarebbe stata inviata attraverso Panama verso i mari meridionali del Perù e del Cile. Una volta conquistato Panama, l'obiettivo sarebbero stati i Caraibi e il Golfo del Messico, vicino alla Giamaica, a Cuba e alla Florida.

Il resto del continente in gran parte inesplorato. Miranda progettava un attacco marittimo da Trinidad attraverso La

Guaira e Cumaná, mentre via terra avrebbe attraversato Coro. Tuttavia, Miranda stesso era scettico riguardo a questa strategia. Credeva che sarebbe stato più praticabile passare per Bogotá da Trinidad e Angostura, attraversando due fiumi e affrontando le pianure e le montagne, ostacoli naturali molto difficili da superare rispetto a Maracaibo e Cartagena. La costa atlantica di Panama non è molto adatta per attraversare il Pacifico, per non parlare del controllo di Cile e Perù.

Napoleone e il presidente Adams consideravano Miranda un Don Chisciotte, un sognatore che lottava contro l'impossibile. Tuttavia, le opinioni degli ufficiali inglesi su Miranda erano diverse. Miranda desiderava era la libertà dell'America.

La flotta britannica, sotto il comando di Nelson, riuscì a porre fine a queste coalizioni inglesi contro la Svizzera il 2 aprile 1801, durante l'assedio della fortezza di Danimarca. Nel Mediterraneo, gli inglesi ottennero un altro successo: la battaglia di Alessandria. In Francia seguì il Trattato di Aranjuez, che il 21 marzo 1801 cedette la Louisiana alla Spagna e le diede il diritto di recuperarla con il Trattato di Badajoz. Nel 1801 i porti portoghesi furono chiusi all'Inghilterra e il Portogallo cedette parte della Guiana alla Francia.

Bonaparte ottenne la pace di Roma il 15 luglio 1801. Tutti pensavano alla pace dell'Inghilterra con la Francia e ai suoi preparativi, senza sospendere una possibile invasione. La Francia rinunciò alle sue pretese sull'Egitto e sull'Inghilterra e avrebbe mantenuto Tobago, Martinica, Essequibo e Trinidad. Il parlamento inglese fu oggetto di un acceso dibattito e fu sciolto con elezioni generali. La Russia e l'Austria non si sarebbero opposte a Napoleone, che voleva usare

San Domingo come base coloniale per ricevere la nuova Louisiana.

Con una manovra del 2 maggio 1803, la Francia vendette il territorio agli Stati Uniti. Lo stato d'animo inglese era insostenibile. Addington si dimise il 29 aprile 1804 e fu sostituito il 12 maggio 1804. Questo cambiamento aggravò il proclama dell'Imperatore. Il duca di Enghien era stato appena giustiziato dal generale Hulin per sospetto tradimento nei confronti di Bonaparte.

C'era il timore che le truppe francesi potessero invadere le isole britanniche attraverso la Manica, il che costrinse il governo britannico a condurre un'operazione militare. In risposta, Robert R Livingston, cancelliere e ministro statunitense a Parigi, conosciuto da Miranda, si recò a Londra per proporre a Napoleone di manipolare l'Austria e la Russia. Napoleone controlla Carlo IV, che controlla tutta l'Italia. Fa un caso unico contro lo zar Alessandro I, che rifiuta di sottomettersi all'imperatore.

Durante il suo mandato, Addington aveva approvato le rivoluzioni spagnole e preferiva la libertà alla gestione della Spagna. Tuttavia, trascurò gli interessi inglesi nelle ritorsioni di Spagna e Francia.

Il 4 ottobre 1804, gli inglesi attaccarono quattro navi spagnole cariche di tesori peruviani, il che costrinse la Spagna a dichiarare guerra all'Inghilterra il 12 dicembre dello stesso anno. Prima della guerra tra Inghilterra e Spagna e dopo il sequestro delle navi spagnole, ci fu un incontro tra Pitt e Sir Henry Dundas (Lord Melville) sul Sud America. Durante questo incontro, il capitano ammiraglio Sir Home

Popham, che incontra Miranda e vede le intenzioni degli inglesi riguardo all'America.

Miranda riconsiderò i suoi piani militari sotto l'influenza di Popham e apportò modifiche significative dopo aver appreso le idee di Miranda e il progetto britannico. Cambiò la sua intenzione di entrare nella costa caraibica e a Cartagena, abbandonò le operazioni terrestri e marittime su Caracas e le sostituì con un forte attacco a Trinidad e Barbados. Una volta che Caracas e Santa Fe de Bogotá erano sotto controllo, poté preparare altre spedizioni, sempre con l'appoggio dei cittadini. Progettò attacchi a Santa Marta da Maracaibo, con missioni dalla Giamaica, e anche un attacco al Golfo di Darien, per prendere la posizione di Panama sul Pacifico.

Mantenne l'idea di utilizzare Panama come base, con l'obiettivo di imbarcare 4000 uomini provenienti dall'India da imbarcare per Lima e Valparaiso. Un'altra forza di 3.000 uomini per attaccare Buenos Aires, al fine di influenzare gli eventi sul lato Pacifico della costa atlantica.

La Spagna diventa sempre più dipendente dalla Francia e rappresenta una minaccia crescente pericolosa per l'Inghilterra. Le esportazioni delle sue manifatture costituivano un pilastro dell'economia spagnola. La Spagna dipendeva dal traffico marittimo delle merci americane per ricevere la ricchezza proveniente dalle colonie. Popham riteneva che l'indipendenza delle colonie americane avrebbe significato la rovina della ricchezza spagnola, potenzialmente riducendo la forza della sua flotta e impedendo il rinforzo della flotta francese.

Di fronte a una possibile guerra con l'Inghilterra, l'indipendenza dell'America spagnola era di grande interesse per l'Inghilterra, unica nella sua esistenza. Indipendentemente dai piani del diplomatico Miranda, egli voleva potersi recare a Trinidad in veste privata per disarmonia con Jovian, per servire l'erario, la marina e il governo locale con le interazioni di Henry Dundas, già visconte Melville.

Miranda considerò la possibilità di avanzare un nuovo progetto da portare avanti da Londra. Dundas, stretto collaboratore di Pitt, fu ministro tra il 1794 e il 1801 come segretario alla Guerra. Miranda elaborò un'analisi che presentò al visconte con alcuni elementi per un'azione immediata. Il signor Vansittart comunicò le opinioni del governo inglese, il quale affermò che non era giunto il momento di agire su queste possibilità. Il ministro degli Stati Uniti presso la corte inglese, Rufus King, al suo ritorno dagli Stati Uniti, ammise che il governo inglese si rifiutava di approvare l'azione proposta.

Durante il viaggio verso gli Stati Uniti, Miranda espresse il disappunto nel constatare che Washington, Knox e Hamilton avevano promesso assistenza per aiutare le truppe, mentre il governo inglese si rifiutava o non era in grado di aiutarle. Miranda sperava di impressionare e persuadere l'Inghilterra a utilizzare la sua marina come supporto. Abbiamo detto che Nicholas Vansittart, il futuro Barone del Rey, non era solo amico di Miranda, ma anche il suo contatto diretto con il governo inglese. Vansittart fu ministro e segretario al Tesoro fino al maggio 1804 e pochi mesi dopo, nel gennaio 1805, Pitt entrò a far parte del ministero come segretario per l'Irlanda.

Alla fine del 1804 e a metà del 1805, Miranda si recò a

Londra per condurre colloqui definitivi con Lord Melville, Home Popham, Sir Evan Nepean, John Tumbull e altri, sotto l'occhio del Primo Ministro Pitt. Durante questo periodo, egli formulò inviti, relazioni e calcoli, mentre la marea europea cambia. Il 21 ottobre 1805, nella battaglia di Trafalgar, l'ammiraglio Nelson sconfisse le flotte spagnola e francese, dando alla Gran Bretagna il controllo del mare.

Tuttavia, Napoleone ottenne una vittoria decisiva nella battaglia di Austerlitz il 2 dicembre 1805, sconfiggendo le forze russe e austriache e consolidando il suo dominio sull'Europa continentale. Era inevitabile che l'Inghilterra e Napoleone si scontrassero e che uno dominasse l'altro. Questa direzione della politica inglese divenne sempre più evidente.

Questa riflessione evidenzia l'importanza della comprensione di Miranda nei confronti dell'Inghilterra, con particolare attenzione alle menzioni di Lord Melville e alle consultazioni avvenute. L'ascesa di una nuova alleanza contro la Francia ha cambiato le priorità, relegando la questione americana in secondo piano rispetto a una più urgente. In questo contesto, la decisione di Miranda di sospendere improvvisamente il viaggio a Trinidad, presentando pretesti apparentemente frivoli, può essere considerata una mossa frustrante e difficile da comprendere. Questa situazione raggiunge livelli di assurdità estrema, dove gli interessi della nostra nazione sono messi da parte. Nonostante la tragica morte di Alexander Hamilton, egli doveva recarsi negli Stati Uniti.

Miranda si sentì offeso dal fatto che la garanzia data da Pitt non fosse stata rispettata, non appena il governo si fosse insediato. Se Miranda avesse lasciato l'Inghilterra, non avrebbe potuto fare nulla a Trinidad senza il consenso del Governatore. Pitt pur essendo convinto che l'Inghilterra avrebbe mantenuto una posizione favorevole, temeva che un'eventuale azione contro gli spagnoli avrebbe portato vantaggi per l'Inghilterra.

Il rappresentante americano a Londra nel 1798, Rufus King, aveva valutato attentamente la situazione e l'aveva comunicato al suo governo. Tuttavia, dopo l'arrivo di Miranda, l'Inghilterra, dopo l'arrivo di Miranda e a sua insaputa, informò la Spagna, senza il suo consenso, che non avrebbe fornito alcun sostegno alle colonie spagnole per ottenere l'indipendenza. Miranda, a sua insaputa, si alleò con gli spagnoli per contrastare gli sforzi e le pressioni francesi contro il dominio spagnolo e portoghese. Nonostante avesse preparato i Re per una spedizione a Trinidad, le collaborazioni con gli americani furono sospese.

Miranda, desideroso di ottenere successo nelle sue imprese e ignaro della decisione presa dagli inglesi, inviò un commissario negli Stati Uniti, con Sir Evan Nepean e Vansittart per apportare modifiche. Tuttavia, solo quando Sir Pitt, tramite i suddetti gentiluomini, fece conoscere a Miranda le sue preoccupazioni riguardo alla sua integrità e onestà, quest'ultimo si rese conto della situazione.

Nel luglio 1805, le ultime trattative con il primo ministro Pitt non erano fattibili e questi consigliò a Miranda di aspettare ancora un po'. «Per il bene degli affari politici in Europa dobbiamo avviare un'altra compagnia di navigazione». Miranda, sentendosi investito da questa decisione, non volle prendersi la colpa, e Pitt non poté informare Miranda degli attacchi perché erano stati compiuti dall'Inghilterra. Questo avvenne a causa delle manovre navali che stava conducendo contro di loro con Francia e Spagna.

Miranda e il governo britannico giunsero ad un accordo, in cui Miranda accettò la decisione dell'Inghilterra. L'interesse americano era quello di sostenere Miranda con tutti i suoi poteri. Miranda inviò a persone in Inghilterra una corrispondenza segreta. Con l'autorità inglese, avrebbe reso conto conto della presenza del suo squadrone inglese nella zona in cui doveva essere trascinato.

Fu in questo momento che Miranda si rese conto che il signor Pitt stava negoziando da molto tempo:

- L'impegno dell'Inghilterra a non disturbare le colonie spagnole e a non permettere l'uso dei suoi possedimenti per l'opera rivoluzionaria sul continente.

- L'impegno della Spagna a non attaccare il Portogallo e a mantenere la sua integrità e indipendenza.

Per comunicare privatamente con Miranda, dovette lasciare l'Inghilterra per gli Stati Uniti. Vansittart gli fornì un documento di inestimabile valore politico e diplomatico. Si trattava di una lettera indirizzata a King, datata Londra 14 agosto 1805, che spiegava la posizione inglese su Miranda e i suoi piani. Vansittart menziona che le sue lettere vanno nelle mani di un amico.

Miranda intraprese il suo grande piano per la liberazione del suo Paese. Miranda andò avanti da solo, senza sostegno o aiuto. Per Miranda, questo documento aveva un grande valore politico e diplomatico. Vansittart, essendo nuovamente membro del gabinetto nel gennaio 1805, pensava che il documento ìfosse stato redatto, firmato e consegnato con il consenso di Pitt.

Il signor Vansittart sapeva che la nota sarebbe stata nelle mani di King e, quindi, nelle mani del governo degli Stati Uniti. Era per questo motivo che il tono della lettera era particolarmente sottile. Il gioco politico inglese era molto chiaro nelle situazioni internazionali. L'Inghilterra non poteva appoggiare immediatamente i progetti di Miranda contro la Spagna. L'Inghilterra era interessata al libero commercio con l'America spagnola, attività che era stata negata dalla Spagna. Il Re lo sapeva e l'Inghilterra era sicura di raggiungere questo obiettivo.

Un governo indipendente e sicuro stava emergendo. I politici inglesi erano pronti con la parola «libertà» ed erano ben consapevoli della situazione internazionale. Vansittart era sicuro che Miranda avrebbe avuto un grande successo con l'opinione pubblica inglese a suo favore. Per evitare che la Spagna o la Francia rafforzassero l'America per fermare le azioni rivoluzionarie di Miranda, il governo inglese ordinò alle sue truppe da guerra di vigilare.

«Mi rivolgo a voi con la fiducia di un amico, con il sentimento britannico per gli interessi del Paese d'Inghilterra». L'influenza di Miranda incontrò le sue ultime volontà e diversi pericolosi rischi politici. Aveva impiegato gran parte della sua vita per questo momento. Il suo primo figlio, che chiamò Leandro, aveva 18 mesi. Diventare padre per la prima volta all'età di 55 anni è un momento da ricordare.

Con i suoi pochi beni, il suo archivio e la sua biblioteca, Miranda riassume nel suo testamento la propria vita, dedicata interamente a progetti politici, con l'intento di destinare un'eredità alla saggezza della libertà civile ispanica. Con questo bene si è battuto per i suoi connazionali. Scrisse un commovente testamento per il raggiungimento della libertà per la patria, il popolo e il destino dei suoi cittadini. Insegnata all'Università di Caracas, è una lettera particolare per i suoi fondamenti.

Miranda era in debito con tre librai, i signori Dulati, White ed Evan, che le avevano regalato diversi libri, che doveva restituire se non li pagava. Scrive a tre amici: Rufus King, William & Smith di New York e Christopher Gore di Boston. Li informò del suo imminente arrivo e chiede a King e Gore di incontrarsi per discutere di questioni importanti. Voleva che fossero pronti ad agire e chiede a Smith di essere pronto con i mezzi per gli affari. Mirenda si riteneva già vincitore.

Il 2 settembre 1805 Miranda salpò da Gravesend sulla nave Polly. Il 9 novembre arrivò a New York e si mise in contatto con Mr King, a cui inviò le letteredi Vansittart. Poco dopo, intraprese azioni militari, ma a causa della mancanza di fondi sufficienti, dovette trovare un modo per operare all'interno del territorio degli Stati Uniti.

La situazione degli Stati Uniti che Miranda trovò dopo i suoi viaggi del 1783 e del 1785 era caratterizzata dall'aggiunta di tre Stati: il Kentucky nel 1792, il Tennessee nel 1796 e l'Ohio nel 1803. Il presidente in carica era per la seconda volta da John Adams, successore di Washington, fondatore della Repubblica, membro del Congresso. Egli ha partecipato all'Atto di Indipendenza, è stato governatore della Virginia, ministro negli Stati Uniti e in Francia, vicepresidente degli

Stati Uniti in Francia e vicepresidente degli Stati Uniti nel 1797 e nel 1801.

L'elezione di Thomas Jefferson nel 1804 portò un cambiamento significativo alla Casa Bianca. Fu la prima volta nella storia politica della nazione repubblicana e federalista che un presidente si insediò dopo il suo predecessore attraverso un processo democratico pacifico. Jefferson, con la sua visione di studio della storia basata sul latino e sul greco per evitare la tirannia, influenzò notevolmente la vita presidenziale e i rapporti del presidente con il Congresso e il popolo americano.

Durante il primo mandato di Jefferson, gli Stati Uniti acquistarono la Louisiana dalla Francia per 10.000.000 di dollari, una mossa che non solo ampliò il territorio nazionale, ma ha anche consolidato le relazioni con la Francia.

I piani di Miranda ebbero ripercussioni nel governo di stampo democratico, culminando nel tribunale del Congresso degli Stati Uniti a New York. Miranda dovette provvedere al finanziamento delle sue spedizioni per gli interessi americani. Arrivato a New York, consegnò le lettere di Vansittart a Mr. King, il quale attribuiva grande importanzaall'atteggiamento della Gran Bretagna nei confronti dell'America spagnola. Per questo motivo nulla poteva essere fatto dal governo in quel momento, in relazione all'impresa perseguita dal generale Miranda. Tuttavia, Miranda riuscì a concordare con le autorità americane, e poiché le comunicazioni di King con Madison ebbero un impatto positivo, si spostò a Washington.

Il 29 novembre lasciò New York e iniziò a tenere un diario, come era sua abitudine. Durante questa visita, annotò una lettera indirizzata al presidente John Adams, nella quale discuteva di commercio, agricoltura ed edilizia.

Il 5 aprile 1815, il dottor Benjamin Busch fu informato che il generale Miranda aveva visitato Filadelfia e che era andato a cena con lui, dove aveva discusso di relazioni politiche e della corte d'Europa. Il giorno successivo all'arrivo a Washington, Miranda fece visita al Presidente. Era a conoscenza della nota di King alla lettera di Vansittart e portò subito una lettera di presentazione.

Inviando i suoi ministri, gli chiese come avesse lasciato l'Europa, dato che sembrava che fossero tutti con le armi in mano. Miranda si congedò per andare anche dal Segretario di Stato. Il dottor Busch parlò al signor Madison, che lo ricevette con piacere, dicendogli che aveva diversi affari politici americani da comunicare al Presidente.

Senza indugi, lunedì 9 Madison convocò Miranda nel suo ufficio per martedì 10 alle 14. Tuttavia, Miranda non si presentò. L'incontro fu rimandato al giovedì successivo, il 12. Le discussioni che seguirono furono estremamente riservate, in linea con le direttive del Presidente. Miranda espresse il suo impegno nel tentativo di emancipare il continente ispano-americano, ma sottolineò la necessità del consenso governativo per procedere. Fece riferimento agli amici a New York e a Boston che gli offrivano denaro, e che il governo stava prestando un accordo e approvando la nota che l'Inghilterra stava fornendo per una parte del continente. Sebbene il Segretario accolse con favore la proposta, sorgevano preoccupazioni per l'Inghilterra, che avendo interessi in un altro continente, avrebbe potuto influenzare le decisioni del governo.

Giunto in albergo, Miranda trovò un biglietto del Presidente Jefferson che lo invitava a cena il 13. Il giorno prima della cena Miranda proseguì il colloquio con il Segretario di Stato. Il giorno prima della cena il colloquio di Miranda con il Segretario di Stato, in una conversazione che si rivelò particolarmente rilevante. Durante questo scambio, il Segretario espresse la volontà del governo nei confronti di Miranda, sottolineando però che le azioni del generale apparivano più avventurose e rischiose che di effettivo beneficio per il governo stesso.

Miranda fu un eroe globale, impegnato nell'unione dei popoli. Nonostante le molteplici prigionie subite durante la sua vita, alla fine morì in solitudine, senza che il mondo riconoscesse appieno il bene che aveva compiuto. Alla fine, ebbe bisogno di 50 sterline e 300 pesos per sé, ma purtroppo non riuscì a utilizzarli poiché il suo piano non fu portato a termine e nessun'altra opportunità si presentò.

Alla fine di marzo 1816, la sua situazione divenne insostenibile. Afflitto da una grave malattia, soffrì in solitudine e disillusione, senza ricevere l'aiuto tanto necessario che gli era stato promesso. Il 25 dello stesso mese, colpito da un ictus, rimase gravemente malato per diverse settimane. Infine, il 14 luglio 1816, all'una e cinque minuti del mattino, si arrese alla morte, come scrisse il suo servitore Moran a Lord Peter Turnbull.

L'AUTRICE

Teresa Di Sclafani De Nasca è nata in Italia. Ha vissuto anche in Venezuela e negli Stati Uniti. La sua autobiografia sarà pubblicata prossimamente.

www.ingramcontent.com/pod-product-compliance
Lightning Source LLC
Chambersburg PA
CBHW020332130626
46549CB00003B/1135